O segredo da onça-pintada

Adeilson Salles

O segredo da onça-pintada

Ilustrações de L. Bandeira

FEB

Copyright © 2006 by
FEDERAÇÃO ESPÍRITA BRASILEIRA – FEB

3ª edição – Impressão pequenas tiragens – 8/2025

ISBN 978-85-7328-737-0

Todos os direitos reservados. Nenhuma parte desta publicação pode ser reproduzida, armazenada ou transmitida, total ou parcialmente, por quaisquer métodos ou processos, sem autorização do detentor do *copyright*.

FEDERAÇÃO ESPÍRITA BRASILEIRA – FEB
SGAN 603 – Conjunto F – Avenida L2 Norte
70830-106 – Brasília (DF) – Brasil
www.febeditora.com.br
editorial@febnet.org.br
+55 61 2101 6161

Pedidos de livros à FEB
Comercial
Tel.: (61) 2101 6161 – comercial@febnet.org.br

Adquirindo esta obra, você está colaborando com as ações de assistência e promoção social da FEB e com o Movimento Espírita na divulgação do Evangelho de Jesus à luz do Espiritismo.

Dados Internacionais de Catalogação na Publicação (CIP)
(Federação Espírita Brasileira – Biblioteca de Obras Raras)

S162s   Salles, Adeilson S. (Adeilson Silva), 1959-

O segredo da onça-pintada / Adeilson Salles; [Ilustrações: Lourival Bandeira de Melo Neto]. – 3. ed. – Impressão pequenas tiragens – Brasília: Federação Espírita Brasileira, 2025.

32 p.; Il. color.; 25cm

ISBN 978-85-7328-737-0

1. Literatura infantojuvenil brasileira. I. Melo Neto, Lourival Bandeira de, 1959-. II. Federação Espírita Brasileira. III.Título.

CDD 028.5
CDU 087.5
CDE: 81.00.00

Dedico esse trabalho à amiga e companheira de ideal Val, pois foi a primeira pessoa a me apresentar o menino escritor que estava escondido dentro de mim.

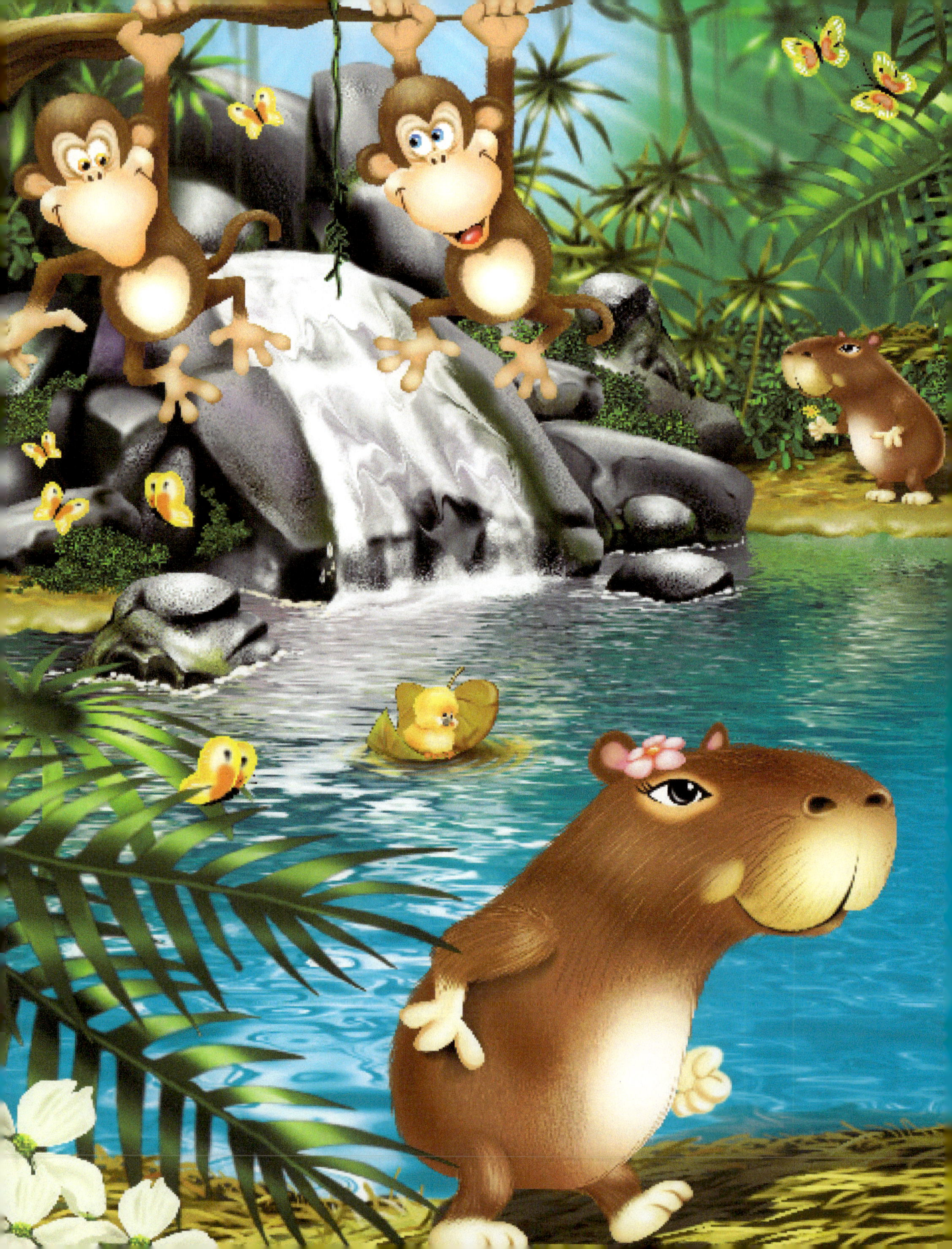

O dia amanheceu lindo na mata. Pássaros cantavam alegremente as belezas da natureza. O sol acariciava as folhas das árvores com seus raios bem quentinhos.

O movimento das águas clarinhas do riacho — chuá chuá chuá... — entoava uma delicada música de agradecimento a Deus.

Veados, capivaras, antas e tantos outros animais bebiam nas águas do riacho que, tais quais um espelho, traziam o céu para a terra.

Nas árvores, macacos pulavam de galho em galho fazendo muita bagunça.

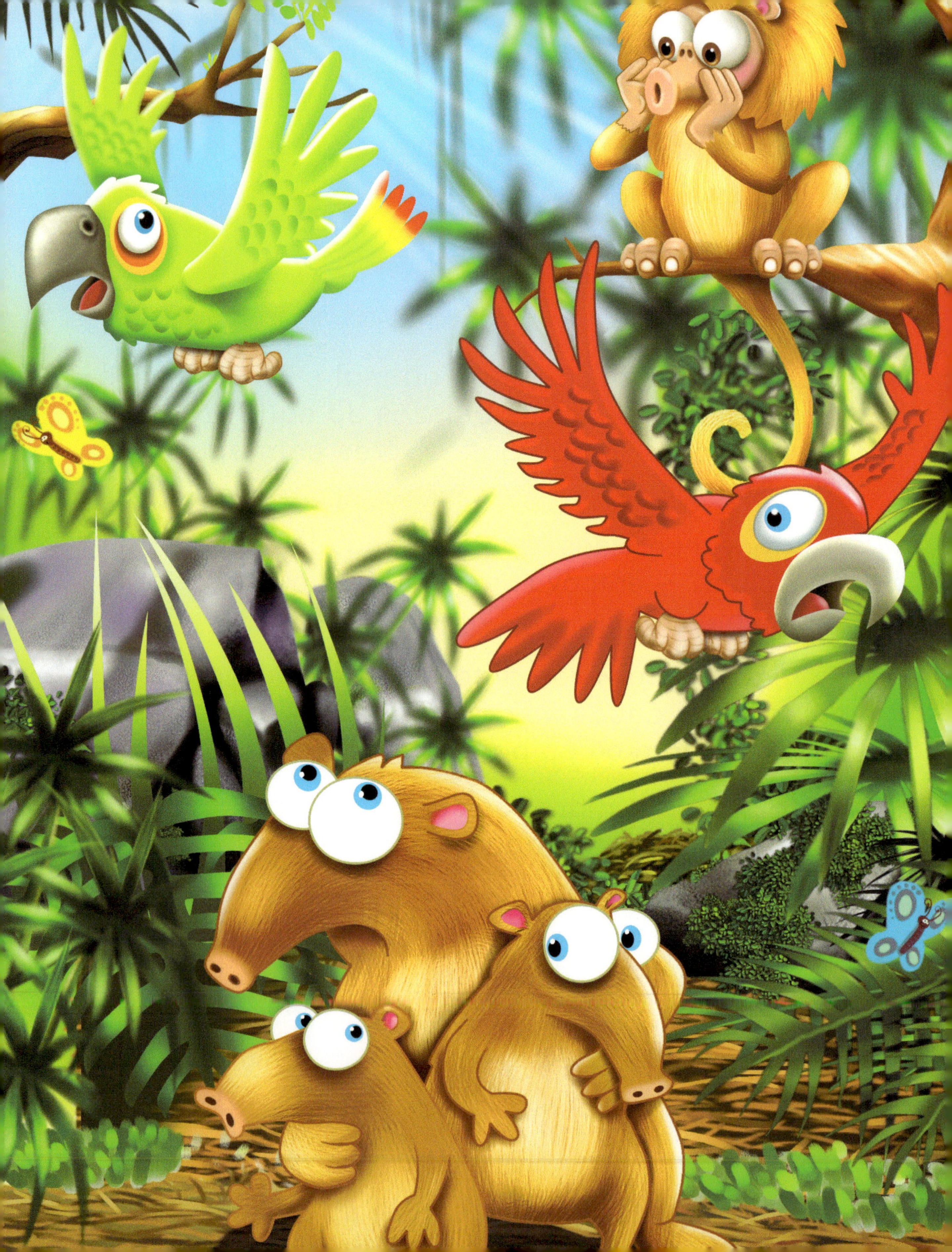

De repente, tudo silencia. Os animais, bem quietinhos, erguem as orelhas como a ouvir um sinal de perigo. Tudo agora é silêncio absoluto. Somente se ouve o barulhinho das águas do riacho:

— Chuá chuá chuá...

Dona Anta, prevendo um perigo que se aproxima, olha com preocupação para seus filhinhos, e eles, entendendo o aviso, vão para bem pertinho da mamãe.

Do alto da árvore vem o grito de alerta dado pelo mico-leão-dourado:

— Lá vem a Dona Pintada, corra, turma, que ela vem aí!!!

O susto foi geral e grande a confusão. Em segundos, todos os animais fogem. Araras voam rapidamente, seguidas dos papagaios e outros pássaros. Até os peixes, acostumados a nadar na superfície das águas, buscam a parte mais profunda do riacho.

Ouve-se, então, um rosnar aterrador:

— GRRUUUAAARRRRRR!!!!

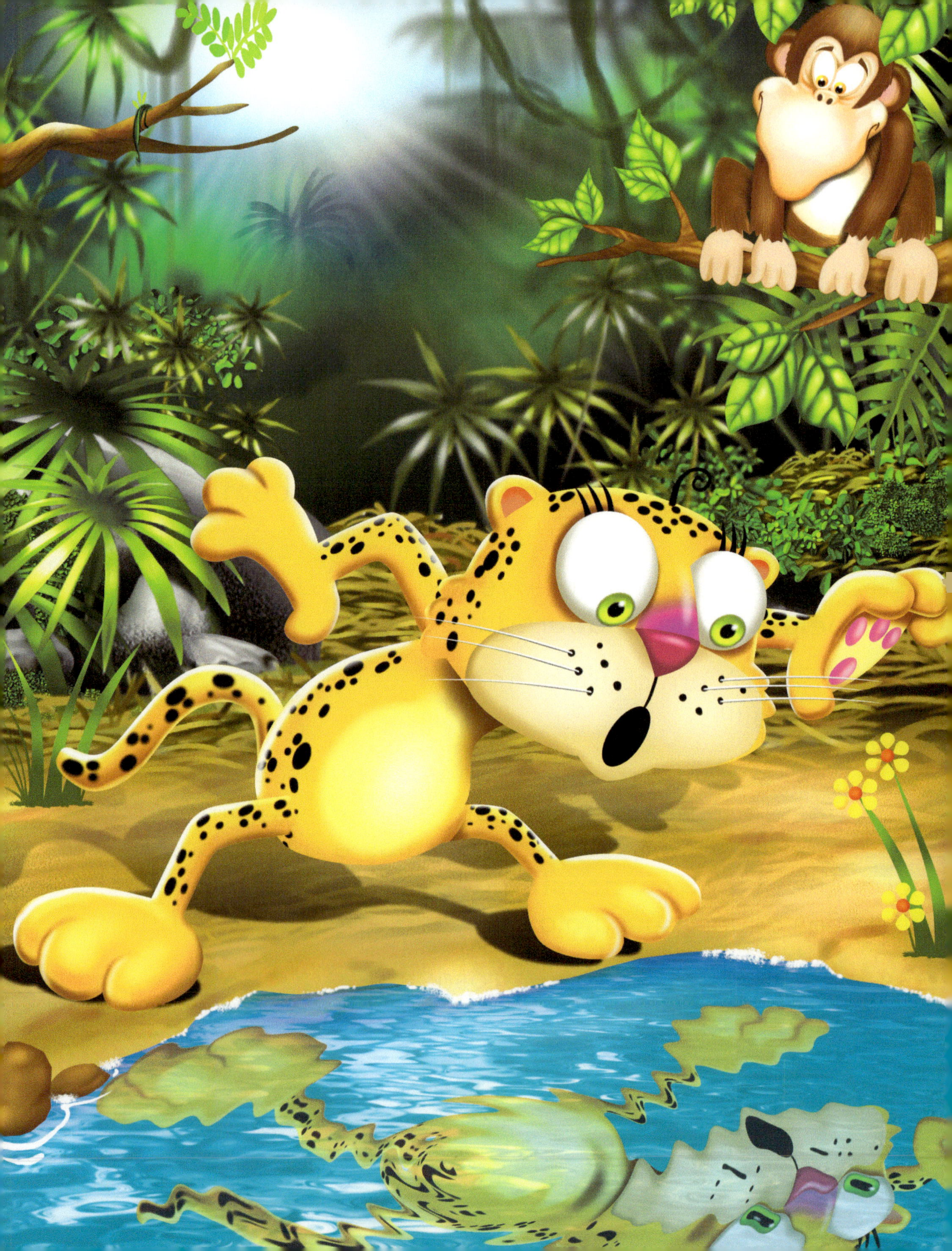

A passos lentos e cadenciados, ela surge em meio às folhagens. Sim, era ela mesmo, a temida onça-pintada. Aproxima-se das margens do riacho e, entre gemidos e lamentações, bebe um pouco de água.

Epa!!! Entre gemidos e lamentações???

Sim, amiguinhos, a terrível onça-pintada gemendo e chorando, dizia:

— Ai, ai, ui, ui, pobre de mim, só com uma onça infeliz como eu é que isso poderia acontecer. Que destino o meu, ai, ai, ai! Até quando vou carregar este segredo?

Alguns macacos, escondidos nas árvores, ouviam as lamentações da Dona Pintada, sem entender o que estava acontecendo. E ela continuava:

— Se alguém descobrir o meu segredo, estarei desmoralizada, ai, ai, ai.

A onça-pintada tomou um pouco de água e, ao ver a imagem de sua bocarra refletida na água, deu um grito assustador:

— AAAAIIIIIIIIII!!

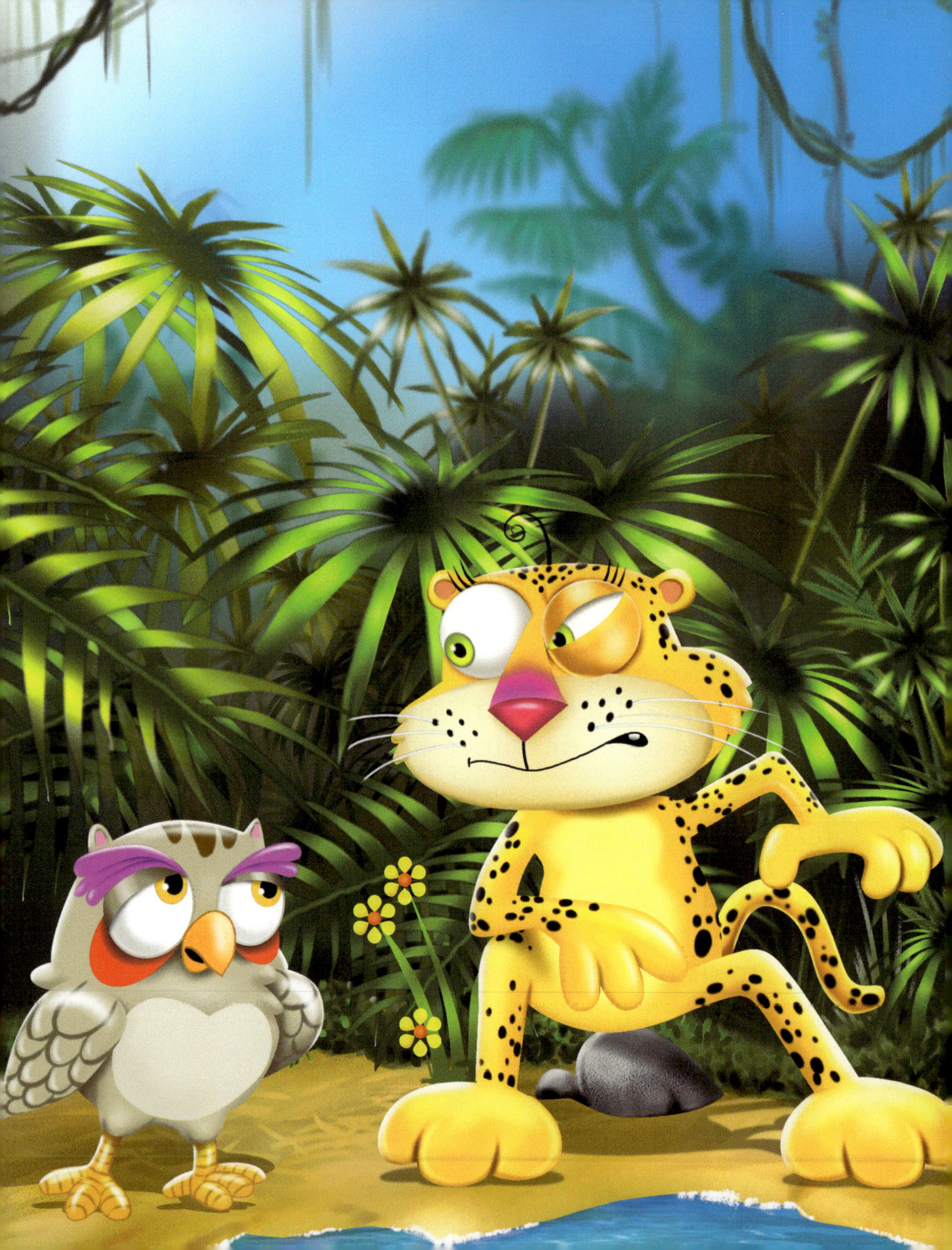

Ainda se refazendo do choque que a sua imagem lhe causara, Pintada ouve uma voz baixinha que lhe diz:

— O que está acontecendo, Dona Pintada?

Procurando intimidar a intrometida, ela rosna ferozmente — GRRUUUAAARRRRRR!!!! — e outros animais ouvem esse rosnar muito longe dali.

— Calma, calma, só estou querendo ajudar!

A recém-chegada era a velha e sábia coruja, que fora atraída para o riacho pelo choro de Pintada.

Pintada tentou manter a pose e a fama de violenta, e disse:

— Saia já daqui, sua bisbilhoteira do olho grande, vá cuidar da sua vida, vá!

— Por que a senhora está chorando, Dona Pintada? — insistiu a coruja.

— Onça como eu não chora, se você não for embora daqui, eu vou comê-la como café da manhã.

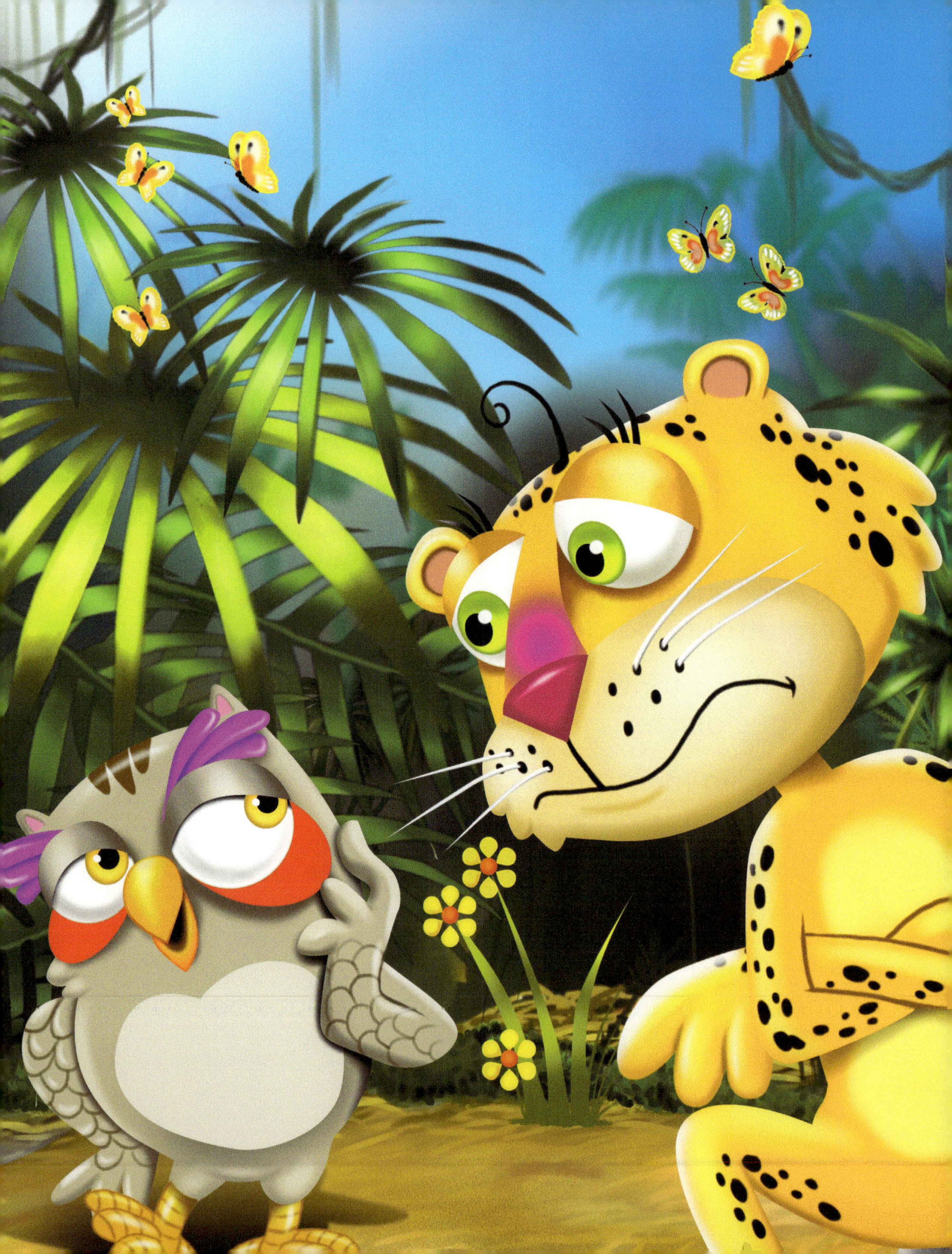

A ameaça da Dona Pintada vinha acompanhada de ais e uis:

— Ai, ui, ai, ui.

— Tem certeza de que a senhora não quer me contar por que está gemendo? — continuava insistindo a coruja respeitosa.

— Você é como toda a bicharada desta floresta, está doidinha para descobrir o meu segredo, não é?

— Mas eu nem sabia que a senhora tinha um segredo! Tem mesmo?

Percebendo que falara demais, Dona Pintada tentou consertar:

— Bem, quer dizer, isso é conversa do macaco-prego, aquele invejoso. Como eu sou a mais poderosa da floresta, ele tenta destruir a minha imagem. Quem está por baixo sempre quer falar mal de quem vive por cima como eu.

— Eu nunca soube que a senhora guarda um segredo. Para mim é novidade.

— Ai, ai, ai, chega dessa conversa boba, ui, ui, ui.

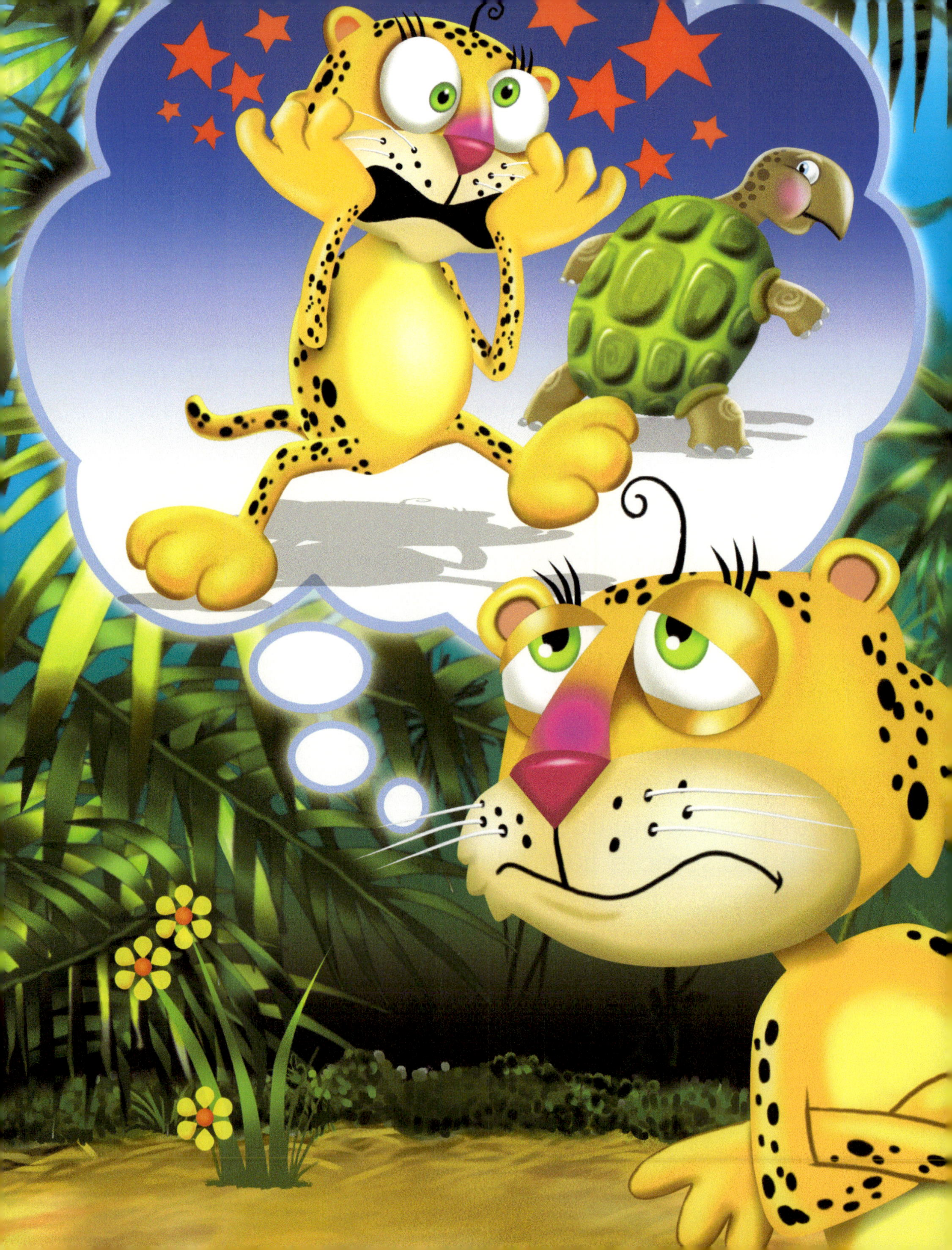

— Só estou tentando ser sua amiga, vim até aqui atraída por seu choro.

— Não preciso de amiga, principalmente de uma como você, metida a saber tudo.

— Dona Pintada, nós precisamos ter amigos, já que vivemos todos juntos na mata.

— Pois, sim! Amigo meu é barriga cheia.

E, dizendo isso, Dona Pintada rosnou ameaçadoramente:

— GRRUUUAAARRRRRR, ai, ai, ui, ui.

Com calma, Dona Coruja disse:

— A senhora está precisando de auxílio. Ora, ora, deixe-me ajudá-la! Está sentindo alguma dor?

— Noite passada, saí para caçar e mordi uma tartaruga, quer dizer, me dei mal naquele casco duro, ai, ai, ai.

Falando assim, Dona Pintada olhou para todos os lados e, sem conseguir se controlar, começou a chorar. Chorou, chorou, chorou...

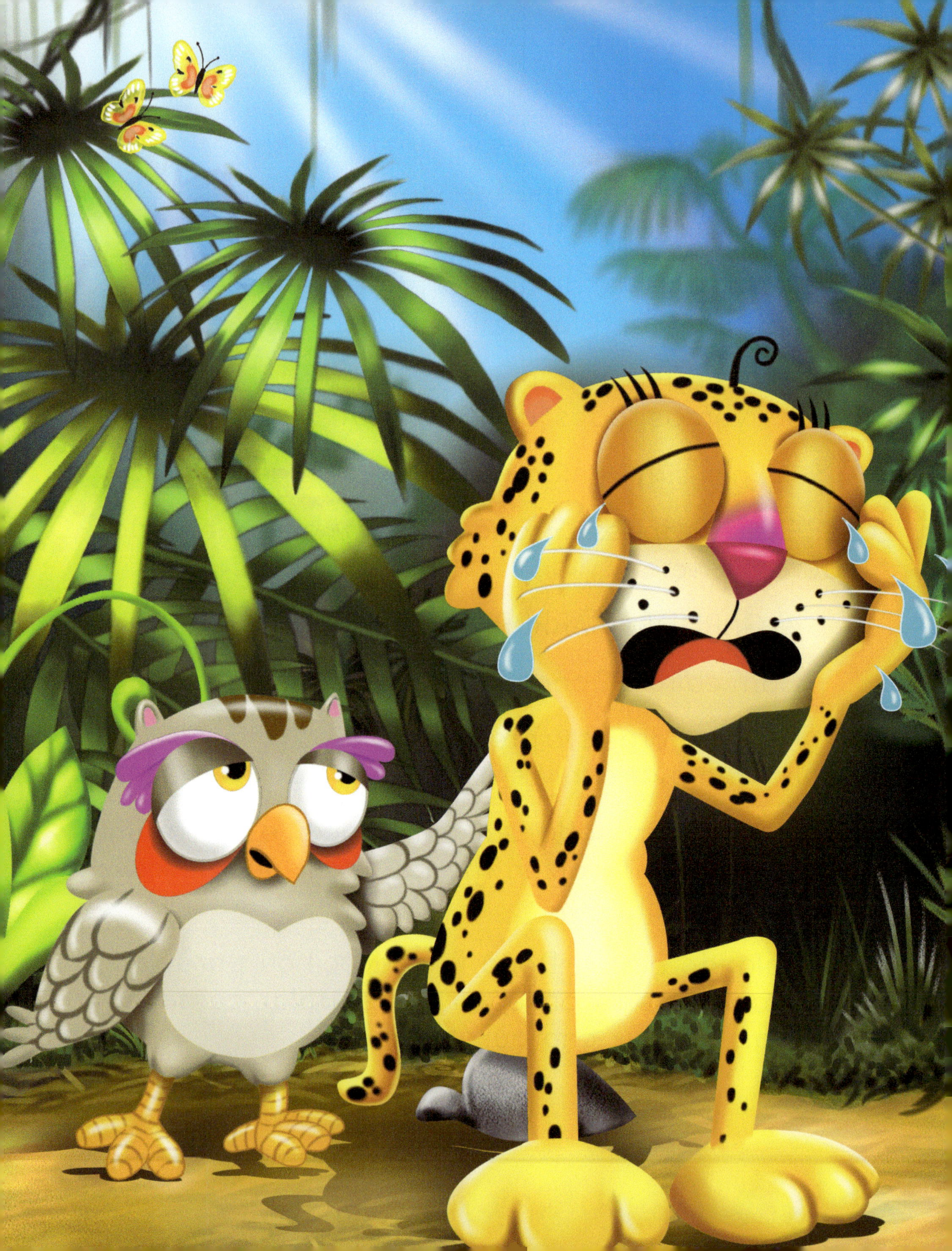

— Não fique assim, o que está acontecendo? Fala, filha de Deus! — insistiu Dona Coruja.

— Você me chamou de filha de Deus?

— É claro que chamei. Você também é uma filha de Deus.

— E Deus existe? — perguntou a onça espantada.

— É claro que existe, foi Ele que nos criou.

— E como você sabe que Ele existe? — desafiou Dona Pintada.

— Ah! basta olhar à sua volta e verá tudo o que Ele fez.

Olhando para todos os lados, Dona Pintada resmungou:

— Não estou vendo nada de mais... Somente a floresta onde moramos!

Virando os enormes olhos, Dona Coruja respondeu com paciência:

— Então, Dona Pintada, é isso mesmo... A nossa floresta é Criação Divina. Tudo o que não foi feito pelo homem, por Deus foi feito.

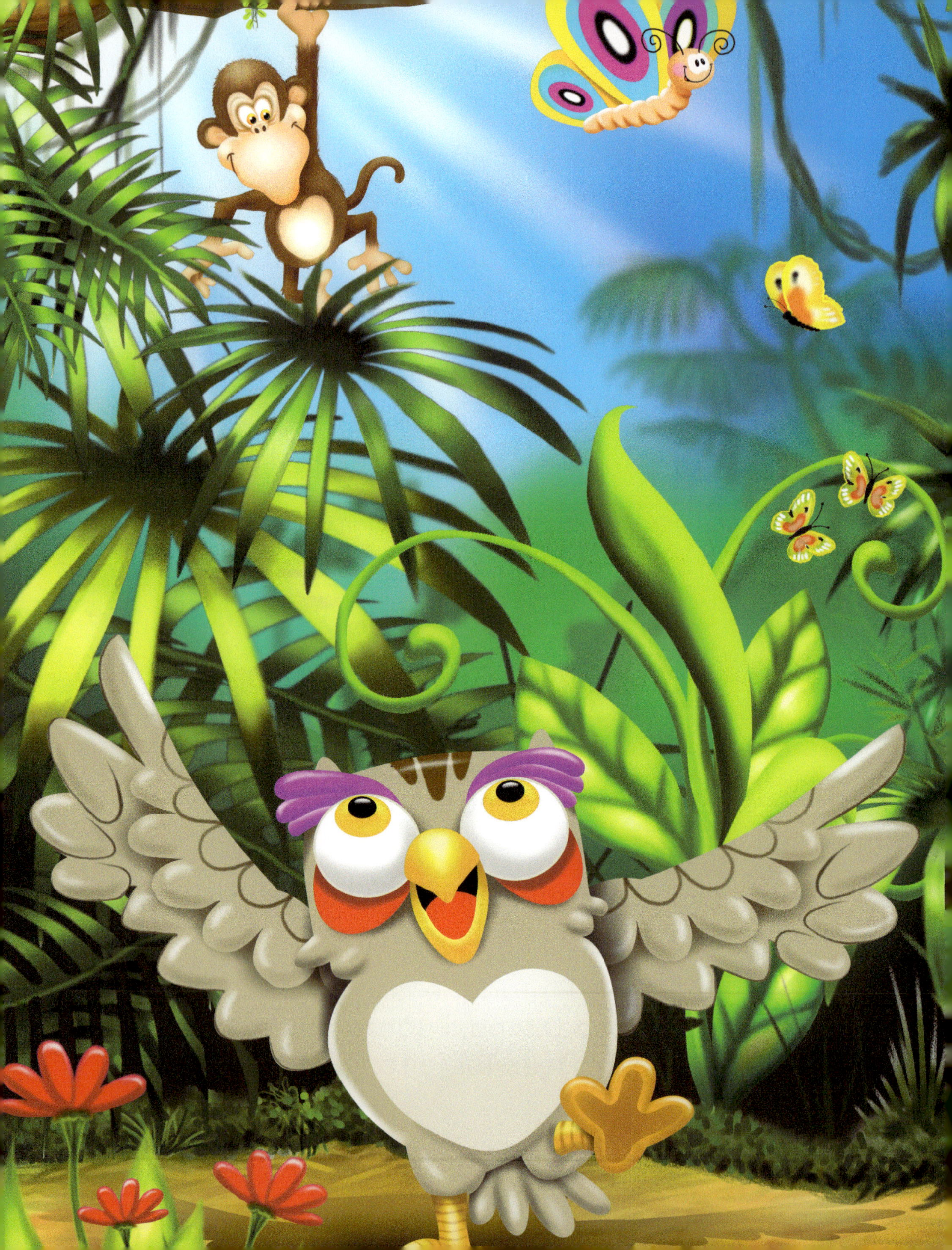

— Como assim?

— É verdade, Deus criou as florestas, os animais, os homens...

Sem conseguir conter o espanto, a Pintada interrompeu Dona Coruja:

— Criou os animais?

— Sim, senhora, Deus nos criou!

— Então Deus é bom?

— Deus é Eterno, Imutável, Imaterial, Onipotente, Único, soberanamente Justo e Bom — Dona Coruja explicou de um fôlego só.

— Puxa! Ele é mesmo tudo isso? — a Pintada perguntou desconfiada.

— Sim, Ele nos ama muito!

A onça então recomeçou a chorar. Chorava, chorava, chorava...

— Mas por que a senhora chora tanto, Dona Pintada?

— Se os animais são filhos de Deus, Ele deve estar triste comigo — a Pintada afirmou, soluçando.

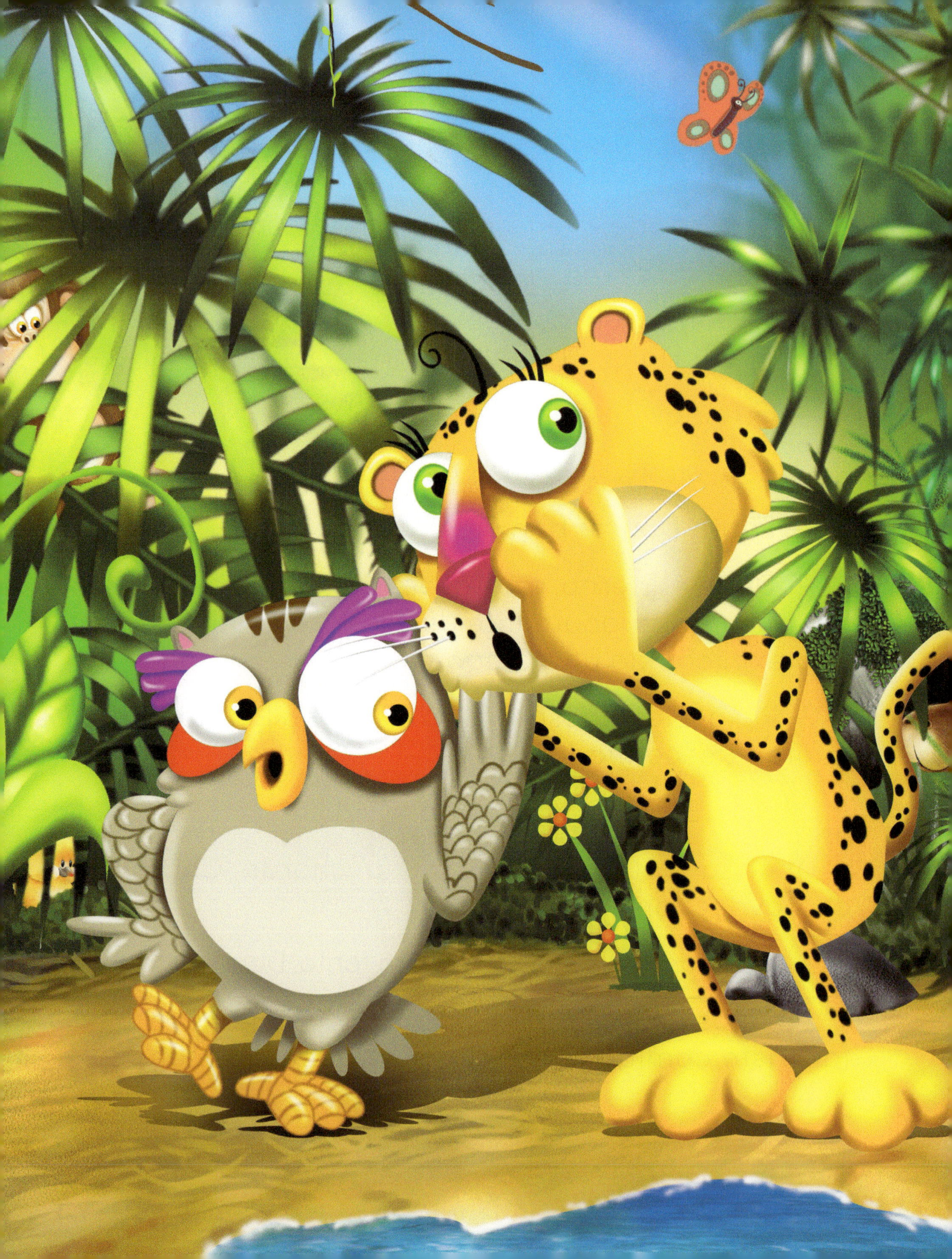

— Por que Deus estaria triste com a senhora?

— Por quê?! A senhora ainda pergunta, Dona Coruja? Eu já perdi as contas de quantos filhos de Deus eu já comi.

Sorrindo, a coruja respondeu:

— A senhora comeu animais porque eles fazem parte de sua cadeia alimentar, não foi por maldade, foi por necessidade.

— É mesmo? — indagou a Pintada, suspirando aliviada.

— Sim, senhora. Eu não lhe disse que Deus é soberanamente Justo e Bom, quer dizer, muito, muito, muito justo e bom?

— Disse!

— Pois, então, tudo na vida acontece de acordo com a sabedoria do Criador. Deus sabe tudo de que precisamos. Não chore mais.

— Está bem, eu acredito na senhora!

A Pintada pensou, pensou, pensou mais um pouquinho e disse resolvida:

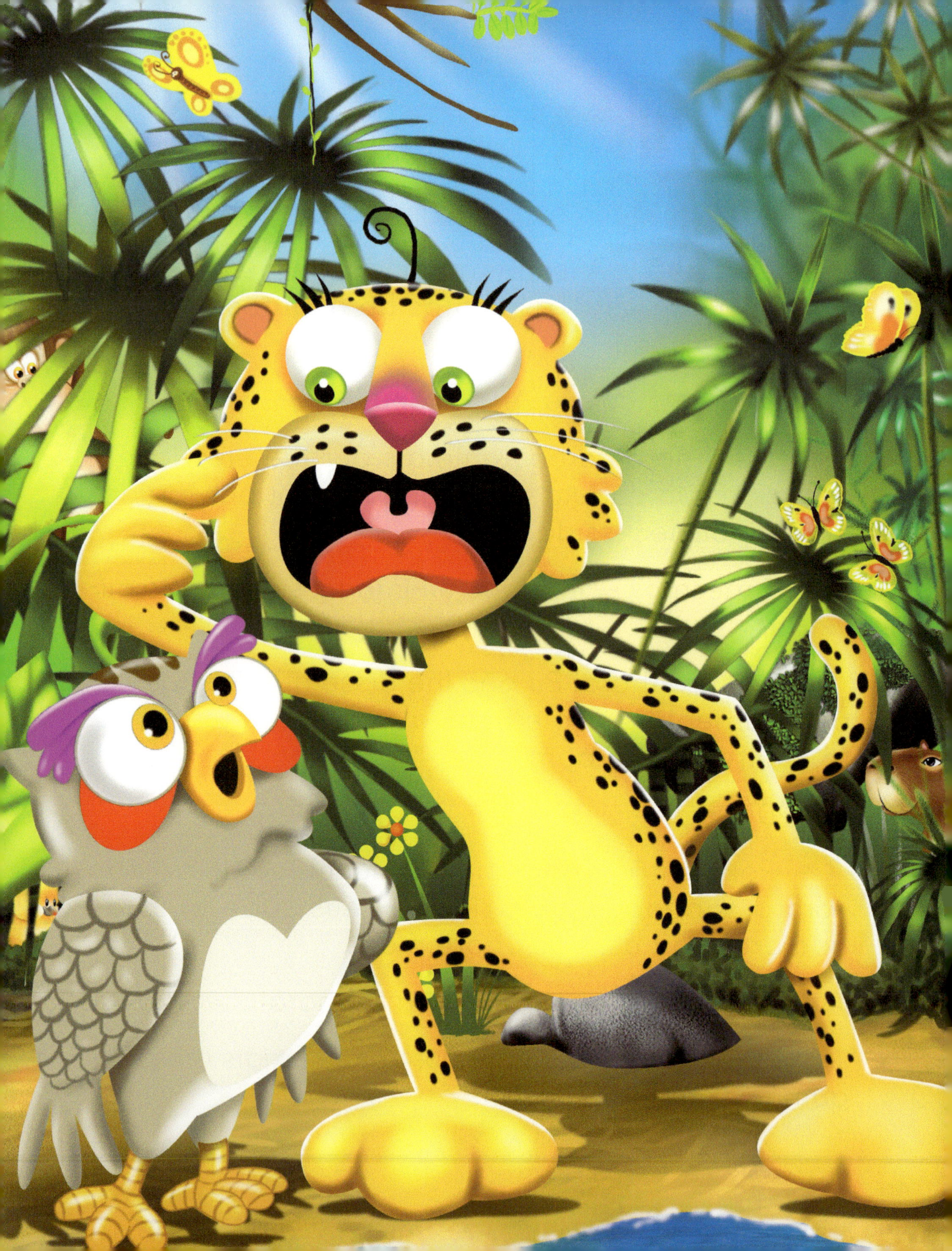

— Acho que posso confiar na senhora, Dona Coruja, vou lhe contar o meu segredo.

Confiando pela primeira vez em alguém, Dona Pintada disse:

— Se é assim, vou lhe contar, a senhora promete que não vai rir de mim?

— Prometo!

— Meu segredo é este — e abrindo a bocarra, mostrou o seu segredo.

Os olhos da Dona Coruja pareceram saltar, sem acreditar no que viam. E, impressionada, afirmou:

— Não acredito no que estou vendo!

— Ai, ai, ai, pode acreditar, Dona Coruja!

— A senhora só tem um dente? Preciso ver isso mais de perto!

— A senhora prometeu não rir de mim!

— Promessa é dívida, não vou rir.

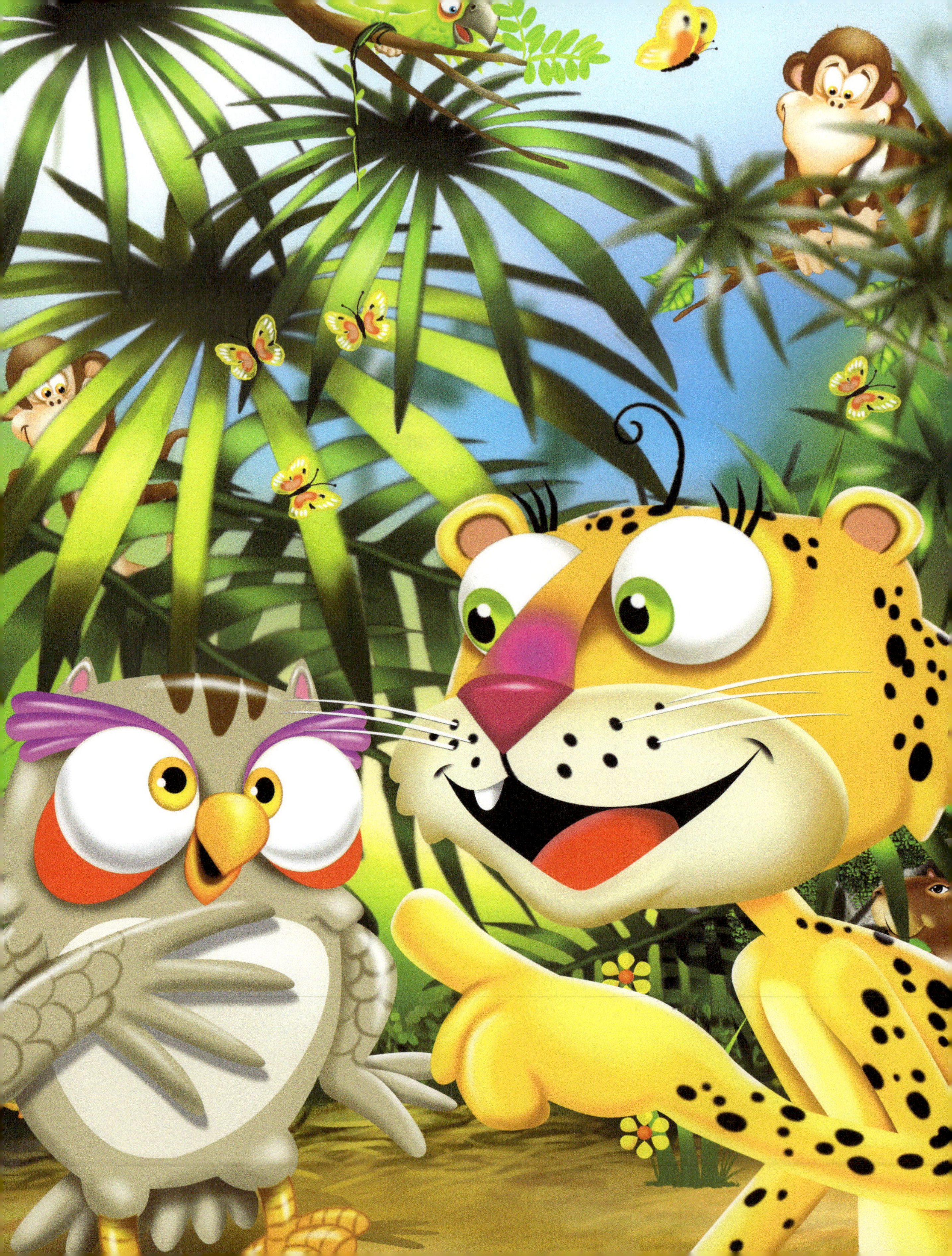

Vendo que não corria perigo, a coruja pousou perto da Dona Pintada, que disse com tristeza:

— Este é o meu segredo, ai, ai, ui, ui. Por isso eu procuro amedrontar os outros animais com meus grunhidos, para que todos se afastem e eu não deixe de ser respeitada. Imagine, Dona Coruja, só tenho um dente e agora ele está doendo por causa do casco da tartaruga.

A coruja, com todo cuidado, falou:

— Mas a senhora não precisa ter vergonha de ter apenas um dente, todos nós temos os nossos problemas. Eu também tenho um segredo.

— E qual é? — Dona Pintada perguntou curiosa.

— Olhe bem para os meus olhos! — pediu a coruja, se aproximando mais da onça.

A Pintada olhou admirada para Dona Coruja e, rindo, mostrando seu único dente, disse:

— Com o respeito que lhe devo, Dona Coruja, a senhora é vesga?

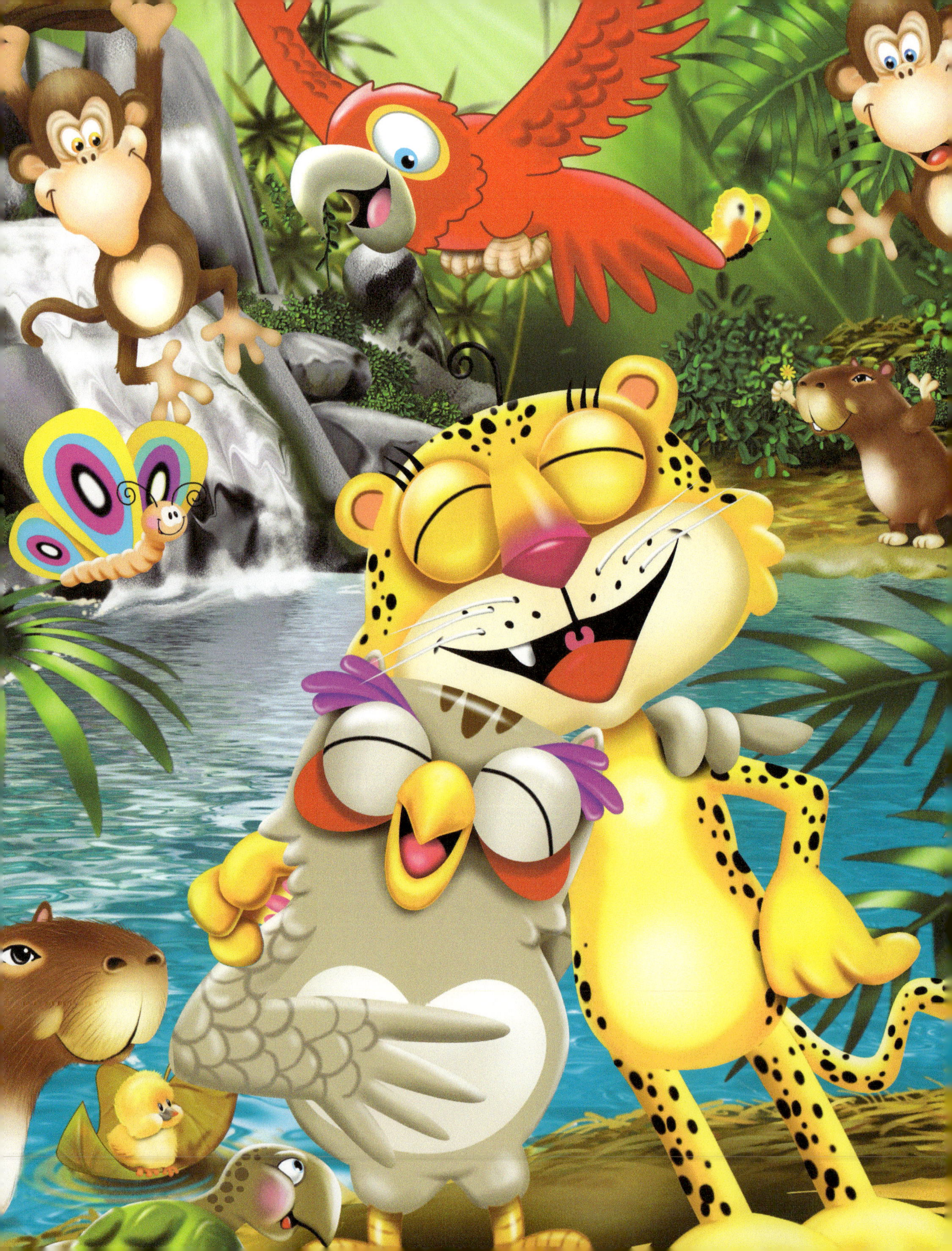

— Sou vesga sim, e não me envergonho disso. Nossas diferenças não podem nos impedir de ter amigos. Somos todos iguais perante Deus.

Pela primeira vez na vida, a onça banguela deu uma sonora gargalhada, mostrando para todo mundo o seu segredo. Ela olhava para Dona Coruja, que também rachava o bico de tanto rir, sem saber na verdade para onde a coruja olhava.

Ouviu-se então uma gargalhada geral vinda das moitas e árvores. Os animais, antes escondidos, agora sem ter mais medo da Dona Pintada, aproximavam-se rindo muito. E, entre eles, vinha Dona Tartaruga que mostrava aos outros bichos um furo no seu casco.

E todos, muito contentes, às margens do riacho, puderam aproveitar aquela manhã para se tornarem mais amigos, respeitando as diferenças uns dos outros.

E vocês, que acabaram de descobrir o segredo da onça-pintada, também sabem aceitar as diferenças dos seus amiguinhos?

www.febeditora.com.br
@febeditoraoficial
@febeditora

Conselho Editorial:
Jorge Godinho Barreto Nery – Presidente
Geraldo Campetti Sobrinho – Coord. Editorial
Cirne Ferreira de Araújo
Evandro Noleto Bezerra
Maria de Lourdes Pereira de Oliveira
Marta Antunes de Oliveira de Moura
Miriam Lúcia Herrera Masotti Dusi

Produção Editorial:
Elizabete de Jesus Moreira

Revisão:
Elizabete de Jesus Moreira
Paola Martins da Silva

Ilustrações, capa e projeto gráfico:
Lourival Bandeira de Melo Neto

Diagramação:
Isis F. de Albuquerque Cavalcante

Normalização Técnica:
Biblioteca de Obras Raras e Documentos Patrimoniais do Livro

Esta edição foi impressa no sistema de Impressão pequenas tiragens, em formato fechado de 200 x 250 mm. Os papéis utilizados foram o Couchê fosco 90 g/m² para o miolo e o Cartão 250 g/m² para a capa. O texto principal foi composto em fonte Quicksand 18/24. Impresso no Brasil. *Presita en Brazilo.*